D1734945

Sternenstaub
und Narrenleben

Umschlagbild:

Gabriele Impsal
"Ein Leben im Licht", Öl auf Leinwand, 55 x 68 cm
im Besitz der Autorin

Farbfotos:

Evelyn A. Hahnenkamp

Verlag: EDITION DOPPELPUNKT, Wien 1999
Gesamtherstellung: ARCUS, Wien
ISBN: 3-85273-067-8

Evelyn A. Hahnenkamp

Sternenstaub
und Narrenleben

Gedichte

Meiner Mutter und all meinen Freunden,
die mich auf meinem Weg begleiteten.

I

VERSUCH

Ausgebreitet vor mir
weiße Fläche
unbeschriebenen Papiers.
Ich fülle sie mit der Buchstaben Arabesken.
Zeichen für Zeichen.
Bilde Worte -
vielleicht zu einem Lied.

SOMMERNACHTSTRAUM

Ich will dich einhüllen
in den sternenbestreuten Mantel der Nacht.
Silberne Fäden des Mondlichts
webe ich dir zu schimmerndem Kleid.
Dich zu bekränzen mit königlichem Reif
nehme ich der Sonne goldene Strahlen.
Perlenden Tau reihe ich dir zur Kette,
deinem schlanken Hals zum Schmuck.
Aus des Mooses weichem Polster
mache ich dir Stiefelchen,
deinen zarten Fuß zu schützen,
wenn du um Mitternacht tanzt
zu der Elfen Flötenklang.

STERNENSTAUB

Ausgespannt
auf dunkler Erde
versinken meine Glieder
in der alten Göttin Schoß.
Meine Augen
trinken das Licht der Nacht
und funkelnder Sternenstaub
erinnert mich an meine
Vergänglichkeit.

DER ROTE KÄFIG

Ich sah einen roten Vogelkäfig,
einer kleinen Pagode gleich,
im Winde schaukeln.
Einen Vogel sah ich nicht.
Und doch! - Der Käfig war nicht leer.

Die Winde wohnten darin.
Sie ließen sich fangen,
halten ließen sie sich nicht.
So trieben sie ihr Spiel,
um dann wieder weiterzuziehn.

Ich sah einen roten Vogelkäfig,
einer kleinen Pagode gleich,
im Winde schaukeln.
Einen Vogel sah ich nicht.
Und doch! - Der Käfig war nicht leer.

Ich füllte ihn
mit den bunten Vögeln meiner Phantasie.
Ich füllte ihn
mit Städten, Ländern, Ozeanen,
das ganze Universum hatte Platz darin.
Und nie voll wurde der Käfig.
Allein - sie ließen sich nicht halten,
wie die Winde weiter wollten sie ziehn.

Ich sah einen roten Vogelkäfig,
einer kleinen Pagode gleich,
im Winde schaukeln.
Einen Vogel sah ich nicht.
Und doch! - Der Käfig war nicht leer.

Ich füllte ihn
mit meinen Träumen, den lichten,
bunt und leicht
wie Schmetterlinge,
schillernd, gaukelnd,
und zuweilen grell.
Ich füllte ihn
mit meinen Träumen, den dunklen.
Angsterfüllend
und selber erfüllt von Angst.
Ein Augenschlag nur -
und wie die Winde müssen sie weiterziehn.

Zurück bleibt ein leerer, roter Käfig,
schaukelnd im Wind.

ERSTER SCHNEE

Zarte Flocken.
Zerbrechliches Sternengebilde
auf dunklem Grün des Lebensbaums.
Der Kuß der Sonne
verwandelt in tausend funkelnde
Perlen euch.
Darin des Himmels tiefes Blau
sich spiegelt -
und mein staunend Auge auch.

DES WINDES TRAUM

Milchige Schleier ziehn aus dunklem Tann.
Kühle des Morgens kündigt sich an.
Der helle Nachtelf und der Traumschratt
fanden eng umschlungen Zuflucht
unter einem Rosenblatt.

Der Wind wiegt sich im Spinnennetz
dort drüben im grünen Hag.
Er träumt vom vergangenen Tag
und seiner Reise.
Und lächelt er, ganz leise
neigt zur Erde sich
das sanfte Gras.

DIE ERDE UND DER MOND *

Jungfräuliche Göttin.
Aus der Zeiten Tiefe
steigst du herauf.
Licht -
Liebe -
dein ewiges Verlangen.
Dein Leib -
ein ewiges Geschenk.
Hingeschmiegt
ergibst du dich dem Kuß
des jungen Mondes.
Traumumschlungen
weißt du um eure Vergänglichkeit.

* Gedanken zum Werk Auguste Rodins

IDOLE ETERNELLE *

Sieh, reine Göttin,
knieend mich vor dir.
Gefangener meiner Schuld
von Anbeginn.

Neige ich auch mein Haupt
zu deiner Brüste Schönheit.
Versagt bleibt mir auf ewig
dein Geschenk.

Des Tantalos Qualen will ich erdulden.
Meiner brennenden Lippen Verlangen
nähme hinweg
den Glanz deiner Göttlichkeit.

* *Gedanken zum Werk Auguste Rodins*

ZAUBERREICH

Magische Kugel aus Glas.
Wundersame Welt enthüllt darin
sich staunendem Auge.

Reifende Roggenfelder -
die Sonne ruht aus auf goldenen Ähren.
Schimmernde Falter
taumeln trunken überm Rosenhag.
Borkige Riesen -
majestätisch neigend ihr bemoostes Haupt.
Aus schroffem Felsengrunde steigt auf der freie Aar.
In blauer Weite -
die Windsbraut tanzt auf Meereswellen
und lachend
sprüht Poseidon weiße Gischt ihr ins Gesicht.

Am silbrigen Gestade träumt das Einhorn.
Atme leise, mein Kind,
auf daß es dir nicht entflieht.

GLÄSERNE HEIMAT MEINER SEELE

Labyrinthischer Kristallpalast
in der Unendlichkeit Blau.
Außen ist innen.
Innen ist außen.
Alpha und Omega
nicht endende Säulen.
Der Götter sanfter Atem
weht durch regenbogenfarbne Hallen.
All meine Sehnsucht ist darin gestillt.
Ungeboren wandle ich -
und bin doch vollendet.

Blind bin ich
und hab doch tausend Augen.
Seh gebären tausend namenlose Welten.
Seh verglühen tausend Sonnen,
sich tausend Monde erleuchten.
Seh Berge explodieren in feuerrotem Schein.
Seh Ozeane kochen in weißer Gischt.

Taub bin ich
und hab doch tausend Ohren.
Höre der Weltenuhr Sekundenschlag.
Hör den Schrei der Ungeborenen.
Hör das Flüstern des Sturmes.
Hör das Brüllen der Stille.

Stumm bin ich
und sing doch mit tausend Kehlen.
Sing die vergeßne Melodie der Planetensterne.
Sing den süßen Gruß des verbrennenden Phönix.
Sing der Götter ewig Lied vom Augenblick.
Sing das Lied des neuen Menschen.

Lautloser Ruf dringt an mein Weltenohr.
Schatten dunklen Tores fallen
in meiner Seele Licht.
Und der Götter Kind gebietet schweigend mir
einzutreten in des erdenschweren Körpers Einsamkeit.

Nur des Nachts in meinen Träumen
darf ich betreten wieder meinen Kristallpalast.

NEDSCHMA *

Ein längst erlosch'ner Stern
beginnt zitternd zu leuchten.
Pulsierender Punkt noch -
schon gleißender Strahl.

Und Licht
trifft auf
Licht.
Tausend Sonnen
zerbersten,
zerstäuben
in flammenden Funken,
zernichten das Dunkel.

Anfang
und Ende
vollenden sich.
Tod
und Geburt zugleich.

* *arab. Stern*

TANZE -
Für M.

Sonnen und Monde
wirbeln im Kreis.
Sterne stürzen
in die Einsamkeit.
Eiseskälte,
hitzige Glut
die Berge sprengen.
Stiller See
sich dem Ozean vermählt.
Wunder des Lebens
verjüngt täglich die Erde.

Schlaf nicht länger
den dumpfen Schlaf
der Erstarrten.
In ihren erloschenen Augen
werden stumpf
des Daseins bunte Farben.

Vernimm den Ruf,
der seit Äonen
die Welten durchdringt.
Streif ab
von deinen Gliedern
dunkle Trägheit deiner Tage Nacht.
Eine neue Morgenröte
steigt auf für dich
am Horizont.

Spür den Atem deines Herzens!
Breite aus deine Arme und -
tanze!

WUNSCH

Klagend
und mit
Salz bedeckt
an schroffem Felsen
zerschmettert
meine Kinderseele.

Purpurrot
im weißen Sand
versickern dort
die ungeweinten Tränen.

Licht
und Schatten
und Licht
und Freiheit.

Und ein Wunsch:
Fliegen in des Himmels Weite.
Und ein Sehnen:
Leben hier und jetzt.

II

HERAUSFORDERUNG I

H e du, der du dort stehst

E ingezwängt im Dunkel,

R ingend alles in dir nach dem Licht.

A lle Gewalt tust selber dir an,

U nglücklicher!

S ieh den weißen Weg in die

F reiheit.

O hn Zögern und

R asende Angst

D urchschreite den Raum der Erkenntnis.

E ngel werden dich begleiten.

R affael steht schon bereit

U nd stärkt dich auf deinem Weg.

N imm an die

G öttliche Herausforderung.

GEBURT

Warm die Welt, die dich umgab.
Umhüllt von Rosenlicht
schaukeltest lächelnd du auf sanften Wogen.
Träumtest von fremden Sonnen.
Träumtest von fernen Gestirnen.
Träumtest das Gestern und das Morgen.

Ein Schrei.
Zerrissen dein Traum.

Ein Atemzug lang
noch ein Schimmer unserer verlorenen Welt
in deinen Augen.

KARNEVAL

Tag wird Nacht.
Nacht zum Tag.
Schriller Glanz und Glitter,
rasendes Lärmen.
Rhythmisch zuckender Körper
trunkenes Treiben.
Brüste, bebend in Wollust.
Nackte Glieder,
streckend in Begierde.
Nehmen - fort und immerfort,
nehmen - und nicht denken.
Trug ist Wahrheit.
Wahrheit nur ein dunkles Wort.

Ein Narrenleben

In dunklen Mantel gehüllt
durchwanderte ich die Räume meines Lebens,
einem blinden Narren gleich.

Bunte Kiesel sammelte ich als einen Schatz.
Mit mir nahm ich das Kinderlächeln
und den entschwebenden Luftballon,
den Sonnenstrahl im Morgentau,
den sanften Kuß des Schmetterlings
auf grünem Rosenblatt,
den aquamarinfarbenen Tropfen
vom Regenbogen über roten Dächern,
die salznasse Wimper von der Wange der Geliebten,
den silberhellen Ton der Grasharfe,
den Glassplitter, in dem ein Stück
des Nachthimmels sich gefangen.

Erreicht ist nun der letzte Raum.
Und aus den Tiefen meines Gewandes
entströmt der Reichtum meines Narrenlebens.
Und frei, in strahlendem Licht,
schreite ich weiter.

ASCHERMITTWOCH

Gestern tanzte ich mit dir.
Unter der Schminke in deinem Gesicht
glaubt' ich zu erkennen, wie wir einst waren.
Doch was macht mich heut so unsicher?
Deine Augen lachten nicht.

Resonanz

Ihr schlagt auf meiner Trommel
und aus der Seele Tiefen kriechen herbei
meine düstern Angstgestalten.

Ihr schlagt auf meiner Trommel
und ohnmächtig ballt die Fäuste
mein zorniger Krieger.

Ihr schlagt auf meiner Trommel
und blindwütig kämpfe ich,
der ich schutzlos bin.

Ihr schlagt auf meiner Trommel
und Traurigkeit breitet aus über mich
ihren nachtschwarzen Mantel.

Nicht länger will ich euch Trommel sein.

Ich zerreiß das Fell,
das mich vorwärts treibt
zu sinnlosem Tun.

Dann endlich wird still es sein in mir
und der göttlichen Stimme Klarheit
erreicht wieder mein kindlich Herz.

AN MEIN INNERES KIND

Komm, geliebtes Kind,
gib deine kleine Hand mir
und nimm die meine voll Vertrauen.
Begleite mich auf dem Weg
durch meines lichten Domes Marmorhallen.
Nicht länger sollst du frierend stehn
in einer kalten Welt, die keine Liebe kennt.
Tilgen will ich deiner einsamen Jahre Bitterkeit
aus deinem ängstlich pochenden Herzen.
Trocknen will ich deine heißen Tränen,
welche du geweint in all den dunklen Nächten.
Zaubern will ich wieder dir
das Lachen auf deinen Rosenmund.

Komm, geliebtes Kind,
gib deine kleine Hand mir
und nimm die meine voll Vertrauen.
Begleite mich dorthin, wo der Regenbogen
seine Straße spannt hinauf zum Himmelszelt.
Gemeinsam wollen wir erklimmen seine bunten Stufen.
Und dort, auf der höchsten,
werden wir begegnen dem Narren,
der uns zeigt den wahren Wert der Welt.

Komm, geliebtes Kind,
gib deine kleine Hand mir
und nimm die meine voll Vertrauen.
Laß dich entführen auf meinem Wolkenpferd.
Hoch hinauf zur Sonne,
zu der Wahrheit reinem Licht,
wollen wir gemeinsam reiten
und aus unsrer beider Kehlen soll jauchzend erklingen
das Lied der reinen Liebe.

LA LOBA

Weine,
Loba, weise Frau.
Weine über mich Verlorenen.
Erinnerung nur das,
was von mir blieb.

Suche,
Loba, weise Frau.
Mein Herz ward verweht zu Staub.
In meines Feindes Wüstenland
lieg ich zerstückt.

Und hast du mich gefunden - dann

singe,
Loba, weise Frau.
Singe über meinem bleichen Gebein.
Von neuem pulst mein Blut,
das meine Wildheit weckt.

Lache,
Loba, weise Frau.
Lache, denn wieder bin ich eins,
und mit leichtem Fuß eile ich
unter der Sterne Glanz.

MEINE STEINE - MEINE ERINNERUNGEN

Rote, gelbe, schwarze Lava -
lebendiger Erde Geschenk.
Klarer Bergkristall -
schroffe Berge im Sonnenlicht.
Milchiger Quarz -
schäumender Gletscherfluß.
Bunte Kiesel -
meergerundet, schmeichelnd meiner Hand.
Zerbrechliche Rose aus Sand -
windumwehte Wüsteneinsamkeit.
Bitterer Salzstein -
sehnender Kindheit Ferientage.
Glatte Scheibe aus Türkis -
dunkler Trommelklang in heller Nacht.
Veilchenfarbener Amethyst -
Traumerinnerung an unbekannte Fernen.

Schwarzer Granit -
läßt mich verstummen.

III

Sommertag

Kinderlachen
drunten am Teich.
Glitzernde Tropfen
wetteifern mit der Sonne.
Der Wind schwingt auf
der Schaukel
hoch ins Blau.

FERNWEH

Ich hab Sehnsucht nach der Ferne
nach des Meeres Wellenschlag
am schwarzen Strand,
nach dem Brüllen
der feuerspeienden Berge
unter sternenübersätem Firmament,
nach der Wüsten Unendlichkeit
sich mein Herz verzehrt.

Wandeln über sanftes Gras
unter schneebedeckten Gipfeln,
wo die Götter wohnen.
Lauschen dem tosenden Wasserfall,
der klaren Bäche Murmeln.
Den Schiffen send ich
mein sehnend Auge nach.

Beneid die Schwalbe,
die auf große Reise geht,
wenn die ersten Nebel steigen,
und ein Lebewohl
ruf ich stumm.

Im Anblick bunter Bilder
auf totem Papier
such ich mich zu trösten.

SAHARA

Lausche dem Geheimnis der Wüste.
Lausche seiner Botschaft
wie des Geliebten sehnend Flüstern.
Doch: Wie klingt des Windes Hauch?
Wie tönt sein Brausen?

Milde Sonne.
Rosige Strahlen, tastend über ockerne Wellen.
Stunde der Lerche.
Erzähl mir von der Weite, kleiner Vogel.
Doch: Wirst auch morgen du noch singen?

Glutige Hölle atmet Tod.
Zeit steht still.
Endlichkeit und Ewigkeit so nah.
Gebleichte Gebeine im Sand.
Doch: Wer wird sie beweinen?

Sinkender Sonnenball.
Der Himmel steht in Flammen.
Hinter der Dünen Rand verlischt letztes Leuchten.
Seidige Luft, süßer als Wein,
strömt ein in die verdurstende Kehle.

Nächtliches Schweigen.
Silberne Scheibe des Mondes
ergießt ihr Licht in die Leere.
Glitzernde Diamanten auf schwarzem Samt.
Lausche:
Weiter schreibt der Himmel das Lied der Lerche.

In meinen Augen versinken die Sterne.
Mit meinem Atem vermählt sich der Wind.
Meine Glieder lösen sich auf in der Weite.
Bin einem Sandkorn gleich -
und doch das ganze All.

TALLIT *

Schweigende Palmen,
flackernde Feuer.
Rote Funken sprühen
mit den Sternen um die Wette.

Wirbelnde Füße im Sand,
wirbelnde Finger
auf gespanntem Fell.
Klatschende Hände treiben weiter.

Wild das Blut.
Heiß der Atem
Und über den Dünen steigt auf der volle Mond.

* arab., weibl. Name, bedeutet Mond

ABDEL

Ihr spracht zu mir von eurer Welt,
Verlockend schillernd waren eure Worte.
Und in den silbernen Mondnächten
lag ich träumend.
Ein Wunsch allein.
Erfüllt davon war mein sehnend Herz.
Fort will ich ziehn.
Dorthin wovon ihr Kunde mir gebracht!
Spüren will ich pulsierendes Leben.
Fassen will ich der bunten Vielfalt Möglichkeiten.

Nun steh ich da -
und leer ist mein Herz.
Wund ist mein Fuß von hartem Stein.
Taub mein Ohr von eurem grellen Lärm.
Matter Sonnenstrahl fällt in graue Straßenschluchten
und tausend fremde Fenster starren mich an.
Fiebrige Augen suchen meinen Himmel
und finden ihn zertreten
in einer Pfütze auf nassem Asphalt.

TARGI

Heimgekehrt aus lockender Ferne
sitzt starr er unter einsamem Baum.
Fahl seine Wangen, wie Gebein.
Leer seine Augen,
verschlossen sein Sinn.
Das Flüstern des wehenden Sandes,
er hört es nicht.
Die Strahlen der sengenden Sonne
erwärmen ihn nicht.
Die Kälte des Mondlichts,
er spürt sie nicht.

Erwache:
Träume nicht länger den bösen Traum,
der schon vorbei.
Schüttle ab von deinem Schuh
den Staub der fremden Welt.
Erhebe wieder stolz dein Haupt.

Sieh:
Ein neuer Tag bricht an.
Die Lerche steigt empor ins klare Blau -
und süß allein klingt nur das Lied
des freien Vogels.

ISIS

Dunkler Brunnen.
Mond zerbirst.
Oh, goldgewandete Isis
ewig suchst du deinen Bruder.
Laß regnen deine Tränen
auf das umbroch'ne Feld.
Und aus dem Gebein
des Erschlagenen
wird sprießen das Grün
neuen Lebens.

STROMBOLI

Brüllend
ergießt er
der Steine
rotglühende Schmelze.
Funken
sprühen in nächtliches Dunkel.
Höher, immer weiter -
doch nie erreichen sie die Sterne.
In feurigen Garben
stürzen zischend sie hernieder.
Flackernd verlöschend
an rauher Bergesflanke.

Am Firmament,
ziehen schweigend
in ewiger Bahn
die nächtlichen Lichter.
Still löst sich eines -
gleitet hinab zur jungen Erde.
Mit silbrigem Schweif
grüßt schnell es noch
den alten Feuergott.

VERLANGEN

Ich sah die Lerche steigen
über frühlingsjunge Erde.
Jubelschrei im blauen Äther.
Vergaß meinen Körper -
erdgebunden.
Warte, kleiner Vogel,
meine Seele
will jauchzend mit.

TOSKANISCHER FRÜHLING

Sonnenglanz auf blauem Himmel.
Zinnenbekränzte Hügel -
Reih an Reih.
Im Schatten hoher Türme
rote Dächer hingeduckt.
Gerippte Kuppeln ernster Dome -
Perlen gleich.

Rosige Schaumkronen -
blühende Mandel.
Kirschbäume -
Blütenwolken auf brauner Erde.
Grüne Flammenschwerter -
schweigende Zypressen.
Und Wind wellt silbern junges Feld.

Sommer in Rom

Glühendweißer Sonnenball
auf bleichem Firmament.
Unterm heißen Atem duckt sich
die Ewige Stadt.
Schmaler Schatten kriecht entlang
bröckelnder Mauern,
sucht als Versteck sich das dunkle Tor.
Zeit tropft träge von des Palazzos Uhr.

In den Gärten schläft der Wind
auf schlaffem Blatt.
Der Götter bleiche Marmorstatuen
schweigen ungerührt.
Zu ihren Füßen murmeln lautlos
der Brunnen Wassergeister.
Geschmolzenes Blei des Teiches
blanker Spiegel.

Nur ein Sperling
badet vergnügt im Staub.

VENEDIG

Weiche Nebel senken über die Lagune sich.
Hinter den Kuppeln von San Marco
verlischt der Sonne rote Scheibe.
An vermorschte Pfosten schlagen
klagend kleine Wellen.
Goldne Neptunpferde schlafen
schaukelnd auf schwarzen Gondeln.
Hoher Kandelaber milder Widerschein
an zerbröckelnden Mauern schweigender Paläste.
Feucht glänzen der verwaisten Plätze Marmorplatten.
Keines Schrittes Laut die Stille stört.
Selbst die herrenlosen Katzen
lecken heut ihr struppig Fell an heimeligerem Ort.

Nur ich wandre ziellos durch die Gassen.
Steige hoch die breite Treppe zum Rialto.
Blick mit tränenblinden Augen
auf des Canales dunkles Wasser.
Spiegelt sich dort nicht
Harlekins weiße Maske?
Nein, ein Trugbild nur
zaubert hin mir ein Nebelstreif.
Horch, sind dies nicht Schritte?
Nein, es ist nur der Schlag meines Herzens,
das in Sehnsucht sich nach dir verzehrt.

DIE PAGODE

Von weißem Nebel umhüllt
auf steilem Fels die alte Pagode steht.
Süßer Glockenklang
darin zur Decke schwebt.

Schimmernder Schein einer Kerze
sich in altem Golde bricht,
zu Füßen des lächelnden Buddha
entzündend Kristalles funkelndes Licht.

VALDEMOSSA

Verwelkte Rosenblüten
auf elfenbeinernen Tasten.
Silberne Regenschleier
verhüllen das Licht.
Die Nachtigall singt ihr
Abendgebet.

Vincent

Rosiger Schnee weht durch Arles Gärten.
Sternenräder rollen
über den Himmel von Saint Rémy.
Dunkle Zypressen bewachen
den nächtlichen Weg -

verloschen die Lampe in Auvers.
Heiserer Krähenschrei im Weizenfeld.
Doch die Sonnenblumen glühen -
Jahr um Jahr.

ERINNERUNG AN LISSABON

Blaue Seide über Glockentürmen.
Licht flutet in alten Gassen.
Die sinkende Sonne
leuchtet wie die Orange in deiner Hand.
Fühl noch deine Haut auf meiner Haut.
Dein Lachen auf meinen Lippen.
Das Meer verschlang die Sonne.
Die Frucht schmeckt bitter.
Das unabänderliche Grau
heftet sich wieder an meine Fersen.

BACHARNSDORF

Wachet, steinere Zyklopen,
dem Adler und dem Wolfe gleich,
daß kein Unberufener stört dies Reich
und bricht des heil'gen Ortes Schweigen.

Huschend über goldnen Blätterteppich
heimlich Volk sich fröhlich findet
und jedes Leuchtkäferchen entzündet
heute seiner Laterne mildes Licht.

Wehend um bemoosten Stein
Elfen webten jenes Mandala,
des Taues Tropfen darin aufzureihn.

Unter Sternenglanz Titania Hochzeit hält.
Puck schlägt Sprünge in die Luft.
Ein Esel sei, wer verletzt der Geister Welt.

BAUMRIESE

Knorrige Wurzeln ziehen hinauf das Leben.
Borkige Arme streben zum Licht.
Von sengender Glut gezeichnet,
von starrender Kälte.

Des Jahres Lauf bringt sein "Werde".
Frühlings linder Atem stete Hoffnung erweckt.
Und steigt zum Zenit der Sommer,
kündet er an deren Erfüllung.

Des Jahres Lauf bringt sein "Vergeh".
Blatt um Blatt sich ihm ergibt.
Und die Winternacht breitet aus ihr
weißes Tuch zum großen Schlaf.

AM WEIHER

Die sinkende Sonne
zaubert
glitzernde Sterne
auf verborgenen Weiher.
Ein Fischlein
springt ins Licht.
Küßt flüchtig
müdes Weidenblatt.

IV

BOTSCHAFT

Der Amsel trautes Abendlied,
Nachtvogels klagender Ruf,
selbst der Grille monotones Zirpen
weiß mehr zu sagen
als der Menschen zahllose Worte.

MÄRZ

Und eines Tages waren sie fort,
die schwarzen Wintervögel.
Lautlos waren sie dahingezogen,
eh' der nahende Morgen die Lichter
des Großen Wagens löscht.

Kalter Nord streift
knisternd einsam dürres Gras.
Auf träumende Kastanien
eine Handvoll Eiskristalle
schnell noch streut er hin.

Junge Sonne durchbricht
golden dunkle Wolkenwand,
Zaghaft aus dem kahlen Fliederstrauch
steigt gefiederten Sängers sehnender Gruß
und findet auch mein Winterherz.

Nun steh ich lauschend da
und staune
und wundre mich aufs neu,
wenn des Lebens Pulse
wieder kräftig schlagen.

KLAGE

Dunkler Fluß unter schwarzem Firmament.
Törichte Hand dich eingezwängt.
Der Sonne Strahl vergeblich bricht.

Hoher Mauern Straßenschluchten.
Fensteraugen - blind.
Kein Spiegel mehr fürs Leben.

Harter Schritt auf harten Steinen.
Und der Wind?!
Weinend hängt er in kahlen Bäumen.

VERGESSEN

Vergessen
die Stunde
als Dunkelheit
sich senkte
über mich
und Einsamkeit.

Die laute Welt
nun fern
von meinen Mauern.
Festgefügt.

So leer
mein Kopf.
So fremd
mein Herzschlag.

Warum ist trotzdem
meine Seele wund -
und schreit?

MEIN GESCHENK

Einen blühenden Zweig
vom duftenden Fliederstrauch
wollt ich dir bringen.
Doch schon morgen stünd er welk
an deinem Fenster.

Rosa Blüten vom jungen Apfelbaum
wollt ich dir bringen.
Doch niemals hättest du gekostet
seine süßen Früchte im Herbst.

Einen bunten Schmetterling
wollt ich dir erhaschen.
Doch meinen Händen er entfloh.
Schimmernder Staub allein
von seinen Flügeln mir blieb.

Die jubelnde Lerche
wollt ich dir fangen.
Doch zwischen Gitterstäben
erstirbt ihr jauchzend Lied.

Vor dir steh ich nun mit leeren Händen.
Meine Gaben hätten dich nur traurig gemacht.

Laß dir dafür erzählen
vom Raunen des Windes im Apfelbaum,
vom süßen Duft des Fliederstrauchs,
vom bunten Schmetterling,
gaukelnd im Glanz der goldnen Sonne.
Hab für dich erlauscht der Lerche Lied
und bringe dir nun Kunde von ihrer Reise.
Schließe, Geliebte, deine Augen
und empfang aus diesen Worten
mein unvergängliches Geschenk.

VERGEBLICH

Sehnsuchtsvoller Ruf.
Weißer Kiesel,
in stilles Gewässer geworfen.
Sanfte Wellen
eilen hin durch Zeit und Raum.
Allein,
niemals erreichen sie das Gestade.

MEIN LIED

Ihr wollt,
daß ich ein Lied
euch singe?
Wißt ihr nicht,
wie meine Kehle rauh?

"Sah ein Knab ein Röslein stehn ..."

Ach, wie wird mein Herz so weh,
gedenk ich der Blumenwege.
Es duftet noch das Heu.
Der Wind,
er spielte in den Zweigen
und der Tag,
er war noch neu.

Mittag kam.
Ich hör von fern Maschinen.
Ratternd brechen sie sich Bahn.
Ächzend fallen alte Bäume
und der Wiesengrund wird zu Beton.

Vergeblich such ich nun den Strauch,
an dem einst Rosen prangten.
Wagen rollen dort,
wo er geblüht.

Auf einem Ast im Schilderwald
verirrter Buchfink singt.
Auf steigt die Erinnerung,
zitternd sich die Worte formen:

"Röslein auf der Heiden."

Sonnenwende

Wieder steigt hinab die Sonne.
Flackernde Feuer auf lichten Höhn.
Will noch einmal tanzen,
mich wirbeln im Kreis.
Will noch einmal trinken
deines Mundes süße Küsse.
Bald wird eingebracht goldene Ernte.
Bereit ist schon des Schnitters Sense.

VORBEI

Die Zeiten sind längst versunken,
wo man von Jünglingen sang,
von erster Liebesglut und süßem Kosen.
Die Worte sind verstummt,
die einfingen der Sonne Glanz
und Silbermond
und diamantene Sterne malten
auf das nächtliche Firmament.
Entzaubert ist des Haines grünes Kleid,
erstickt des Baches munteres Murmeln.
Wind, der durch die Gassen lief,
kündete einst von Frühlingssehnen
und sanfter Mädchen duftendem Haar.
Der Flöte leichter Ton verhallt nun ungehört.
Und die Nachtigall hat aufgehört zu schlagen,
seit ihr Lied an glatten Mauern zerschellte.

EINSAMKEIT

Weiße Fenster
auf grauen Hof.
Weiße Wände
ohne Schmuck.
Ein Sonnenstrahl
verzittert
auf bleichen Lippen.
Gestrige Rose
erglüht
im Wasserglas.

THANATOS

Im Schatten schweigender Zypressen
mein Geliebter weilt.
Nachtschwarzer Mantel verhüllt
seine hohe Gestalt.
Marmorbleich sein strenges Antlitz leuchtet.
Andre Welten seine leeren Augen schaun.

Sehnsüchtig Erwarteter,
komm zu mir.
Nicht länger hab ich Angst.
Doch tritt heran mit leisem Schritt.
Nimm in deine Arme
meinen ruhelosen Leib.
Verschließ mit kühlen Lippen
meinen bebenden Mund.
Streich hinweg von meiner Stirne
die dunklen Schleier wirren Lebens Traum.
Tief will ich schlafen an deiner Brust
wie ein Wanderer, der müd nach weiter Reise
heimgekehrt.
Vergessen werd ich dann mein qualvoll Erinnern.

MORTE *

Dumpfer Herzschlag,
dem Pendel gleich schwingend
in rhythmischem Mysterium des Seins.

Welt - atme leiser.
Wehmut durchzieht den Raum.

Bunte Bilder, längst vergessen,
Erinnerungen, längst versunken,
aufsteigen sie in schmerzender Sehnsucht.

Einmal noch sein im Kaleidoskop des Lebens.
Einmal noch trinken mit den Augen die Farben.
Einmal noch spüren der Sonne glanzvolle Wärme.
Einmal noch, Herz, schwing aus in neu pulsierender
Kraft.

Weiche Nebel senken herab sich wie Schleier.
Unsteter Geist verliert sich in Träumen.

Atem ....
verweht ...
Pendelschlag des Lebens ...
verhallt.

* *Erinnerung an Astor Piazollas Tango*

GOTT

Sie rufen zu Brahma, Vishnu, Shiva
und opfern Blumen und Räucherwerk.
Sie rufen zu Jahwe
und erheben klagend ihre Hände.
Sie rufen zu Allah, dem Richter,
und gehen auf weite Pilgerreise.
Sie rufen zu Manitou, dem Großen Geist,
und breiten aus ihre Arme zur Sonne.
Sie rufen zum Vater des Himmels und der Erde
und beugen in Demut ihre Knie.
Sie rufen ihn mit tausend Namen
und ihre Herzen suchen ewig ihn.

Doch ihn zu finden,
ist es so leicht.
Denn täglich erkenn ich ihn
im Antlitz des fremden Bruders,
und im Lächeln meiner fremden Schwester
begegnet er mir.

ZEPHYR

Hinter ockern Wüstenwellen
ging ich verloren.

Wehe Zephyr.

Der Südstern
hat mich verleitet.
Die Sonne
hat mich verbrannt.

Wehe Zephyr.

Kein Wasser
tropft mir
erquickend
den dürstenden Mund
- ledertrocken
und rauh
wie grauer Stein
und spröd
wie zersprungenes Glas.

Wehe Zephyr.

Bald hast du
bedeckt mein Gebein.

ERFAHRUNG

Leben?
Träumen?
Ich erwartete, aufzuwachen.
Aber nichts geschah.
Somit begriff ich,
daß alles Wirklichkeit
und das Leben so wunderbar.

SPUREN

Bleicher Mond
weinend
über einsamen Spuren
im Sand.
Gestern
erfüllt von Leben.
Heute
Vergangenheit -
Und morgen?

Der Wind allein
ist Wissender.

ICH WÜNSCHE MIR ...

Ich wünsche mir,
ich wär ein Adler.
Windschnell
durchstieß' ich des Himmels Bläue.
In geheimnisvolle Lande entführt' ich dich.

Ich wünsche mir,
ich wär ein Delphin.
Pfeilschnell
durchpflügte ich schimmernde Meeresfluten.
Hin zu silbernen Gestaden trüg ich dich.

Ich wünsche mir,
ich wär ein Hirsch.
Leichtfüßig
erklömm ich des steilen Berges Höhn.
Durch lichte Zauberwälder brächt ich dich.

Ich wünsche mir,
ich wär der Sonne kleinster Strahl,
wär des kleinsten Sternes stilles Funkeln.
Wollt deine schlanken Glieder wärmen.
deine Träume wollt ich bewachen.

Ich wünsche mir ...
Ich wünsche mir ...

Was wünschst du dir?

HERAUSFORDERUNG II

Durch die Tiefen des Raumes reiste ich.
Durch das Dunkel des noch nicht Geborenen.
Sterne glühten auf,
erhellten mit ihren Bahnen meinen Weg.

Suchend reiste ich,
Nichts findend.
Denn nicht wußte ich,
was ich suchte.

Ewiges Rätsel des Universums.
Wann steigt auf die Lösung meiner Reise?

Und des Nachts fiel ich mit den Sternen.
Stürmend und rauschend
in schimmerndem Blau.
Pulsierend, atmend, lebend.

Ich komme, um zu finden, was ich suche.
Das Leben - erdiges Braun.

Tief tauch ich ein.
Tiefer, weiter -
und darf nicht bleiben.
Muß hindurch und wieder lassen.

Ein Atemzug des Universums lang.
Wieder reise ich durch die Tiefen des Raumes,
durch das Dunkel des noch nicht Geborenen.
Sterne glühen auf in heller Bahn
und sterben still.

Ich fand, wonach ich suchte.

INHALTSVERZEICHNIS